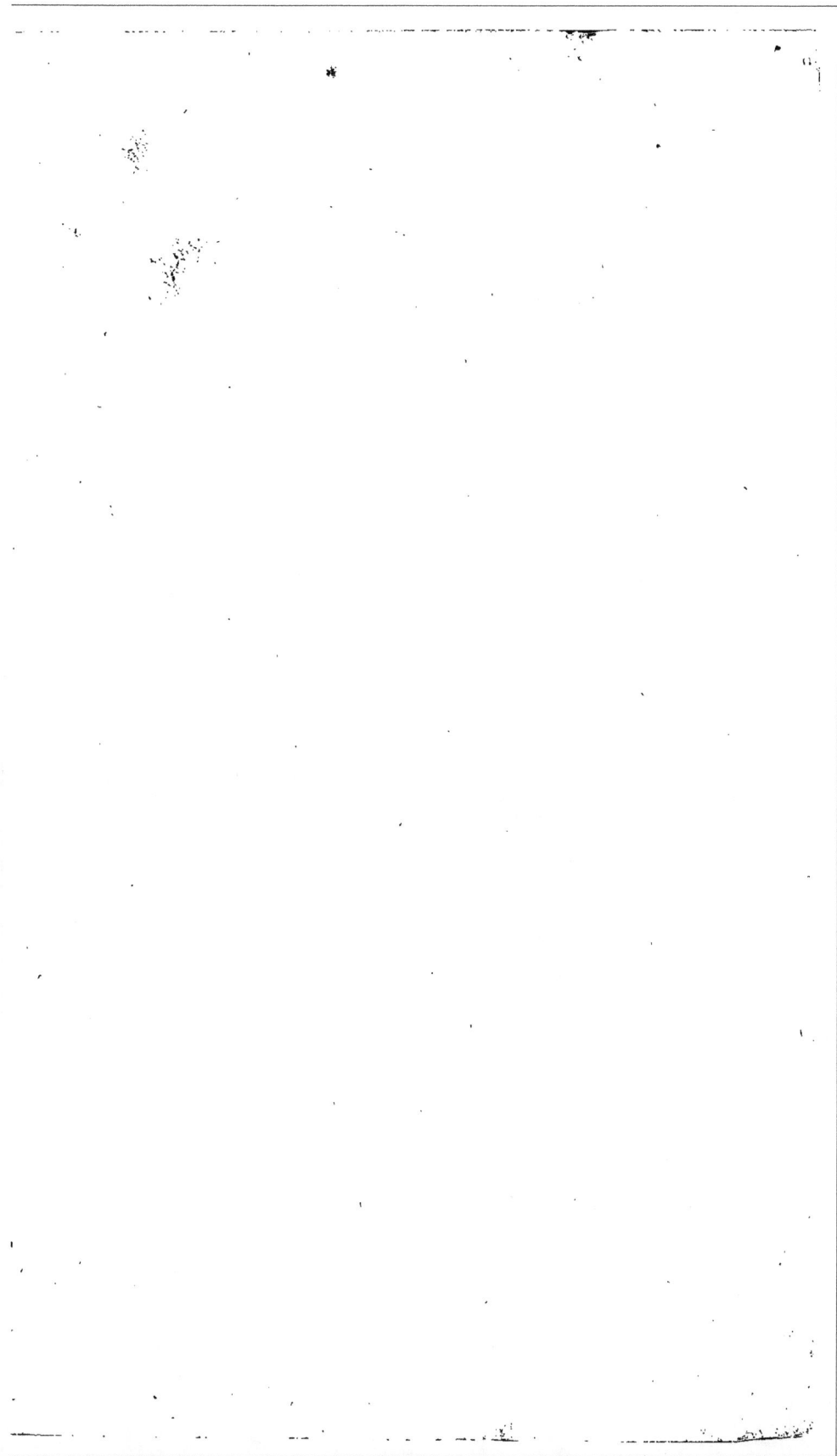

DUMOURIEZ

ET LES MARGUILLIERS DE CHERBOURG.

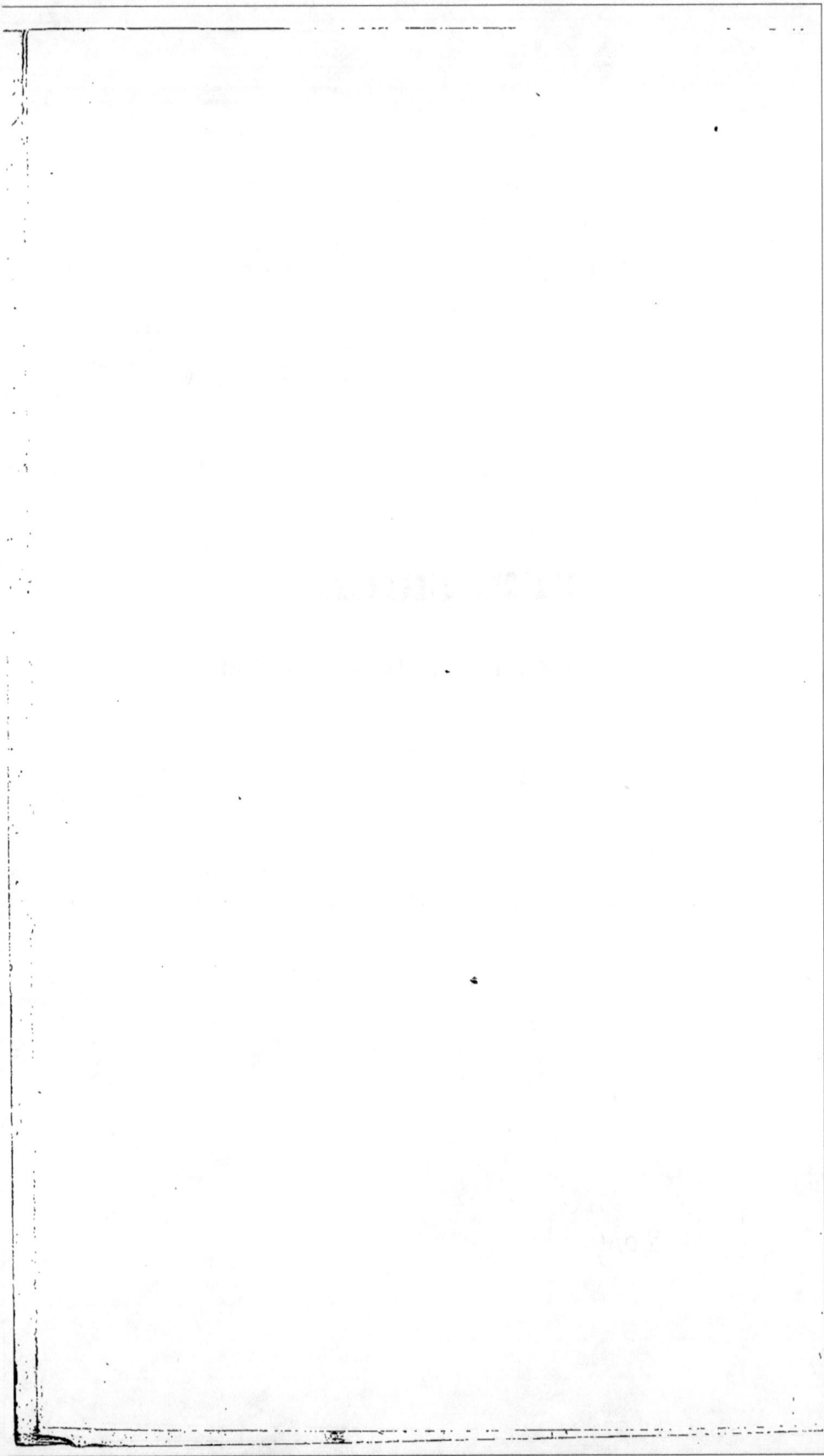

DUMOURIEZ

ET LES MARGUILLIERS DE CHERBOURG.

—◦◦—

LETTRES INÉDITES ET AUTOGRAPHES,

publiées par

M. CH. RENARD, DE CAEN.

—◦◦—

CAEN,
RUPALLEY , LIBRAIRE , PONT SAINT-PIERRE , N° 7.
PARIS,
FRANCE-THIBAUT , QUAI MALAQUAIS , N° 15.
—
1842.

A MON VIEIL AMI,

ARSÈNE LECOINTE.

CAEN.—IMPRIMERIE DE LESAULNIER,
98, rue Notre-Dame.

NOTE PRÉLIMINAIRE.

La vie privée du général Dumouriez est peu connue : tous les biographes et histo-tiens parlent longuement de l'homme public, énumèrent avec complaisance ses talents militaires, ses capacités administratives, ses succès et ses fautes; aucun ne nous a initiés à cette partie de son existence; Dumouriez, lui-même, n'est pas plus explicite à cet égard, dans ses mémoires, qui, du reste, doivent plutôt être considé-rés comme un recueil de moyens de justification que comme une esquisse de sa vie.

Réunir tous les matériaux épars propres à combler des lacunes de cette espèce, si communes dans l'histoire des hommes célèbres de notre pays, coordonner et publier ces matériaux serait une tâche que devraient s'imposer nos écrivains. Pour nous, nous n'avons pas la prétention de faire un supplément aux biographies du général Dumou-riez : un pareil travail serait au-dessus de nos forces, et d'ailleurs les pièces que nous possédons seraient insuffisantes; nous avons voulu seulement, dans un but d'utilité, publier quelques documents inédits émanant du général, et qu'un heureux hasard nous a procurés. Nous laissons à de plus habiles que nous le soin d'en tirer parti.

La plupart de ces pièces ont presqu'un intérêt de localité. Plusieurs personnes existent encore à Caen, qui se rappellent le séjour forcé du général au château de cette ville. Voici dans quelles circonstances :

A son retour d'une mission en Suède, Dumouriez, auquel son caractère remuant, inquiet, porté à l'intrigue, avait attiré la disgrâce de la cour, fut enfermé à la Bas-tille, puis, toujours comme prisonnier d'État, transféré au château de Caen, prison que la complaisance du gouverneur, le comte de Choisy, lui rendit très-douce et où il resta jusqu'à la mort de Louis XV. Rentré en grâce sous le règne de son succes-seur, il quitta Caen, présenta un rapport au Roi, sur la nécessité d'établir un port militaire à Cherbourg, et, par suite de l'approbation de ce projet, Louis XVI le nomma au commandement de cette place, par une note de sa main, écrite en marge du mémoire. Dans cette nouvelle position, il contribua puissamment à l'établisse-ment du port.

Nous commencerons la publication des documents en question, par les quatre lettres suivantes, entièrement autographes, écrites de 1778 à 1779, par Dumouriez, à une personne influente, occupant probablement un haut emploi dans l'administra-tion ou le gouvernement de la province de Normandie, mais que nous n'avons pu connaître, la suscription n'existant pas sur ces pièces, et les lettres ne fournissant aucune indication sur ce point.

Il sera curieux de voir le général qui, quelques années plus tard, traitait d'égal à égal avec les sommités de l'époque, gagnait des batailles et dictait des lois à la Con-vention, il sera curieux, disons-nous, de le voir aux prises avec les marguilliers de sa paroisse, lorsqu'il commandait à Cherbourg, relativement à une question de pré-séance : le contraste est à la fois original et piquant.

Nous conservons scrupuleusement l'ortographe de ces lettres, écrites d'un seul jet et avec un style indiquant que la logique de la plume l'emportait quelquefois chez le général sur la logique de l'épée.

Ch. R.

Cherbourg, le 16 décembre 1778.

MONSIEUR,

Différentes affaires m'ont empêché de répondre avant hier à la lettre que vous m'avez fait l'honneur de m'écrire. Ce n'est point moi qui ai porté l'affaire du banc à monsieur le procureur-général ; ce sont les marguilliers qui ont adressé leurs mémoires à Monsieur le garde-des-sceaux, qui a tout renvoyé à ce magistrat : je n'ai fait que répondre.

Comme j'ai plus d'une affaire et que celle-ci n'est pas la plus importante, je vous prie d'attendre quelques jours, pour recevoir toutes les pièces qui vous mettront dans le cas d'arbitrer. Vous jugerez le procédé et le procès. Je vous assure d'avance que tout est mensonge dans les assertions des marguilliers et je le prouverai. La confrairie de la vierge n'est point une confrairie de charité, mais une simple association de dévotion. Le prétendu banc du duc de Chartres est le cinquième banc à gauche dans l'église, par conséquent réellement le dixième, derrière un pilier : tout le reste est de même, attendez et vous jugerez.

Je vous remercie de vos bontés pour nos pauvres acadiens, que je rends heureux en les leur annonçant.

j'ay l'honneur d'être avec le plus respectueux attachement,

Monsieur,

Votre très-humble et très-obéissant serviteur,

DUMOURIEZ.

———

Cherbourg, le 21 décembre 1778.

MONSIEUR,

J'ay voulu pouvoir vous envoyer le résultat de l'opinion des gens de loy du pays, pour vous mettre dans le cas de voir dans son vrai jour la discussion que je désire sincèrement voir terminée. Il est de fait que je n'ay point provoqué cette discussion.

A mon arrivée, j'ay demandé un banc pour ma femme. En suposant même qu'aucune ordonnance ne dise formellement qu'on doive un banc honorable au commandant d'une place, parce qu'il a la place honorable dans le chœur, il n'y a point de ville du royaume où l'on ait refusé un banc à sa famille. Quoique les honneurs du commandement soyent personnels, cependant, comme un commandant est souvent un homme marié, à ce titre même il doit être regardé comme le premier citoyen de la ville où il commande et on ne doit pas plus refuser la première place dans l'église où dans les assemblées publiques à sa femme, qu'on ne la refuserait à la femme d'un seigneur de paroisse, puisque le commandant représente la personne du seigneur du lieu. Il résulterait de ce refus que la femme du commandant, ne pouvant pas être dans le chœur, serait placée dans l'église après toutes les bourgeoises qui ont des bancs, ce qui serait abusif et ne se voit nulle part.

Cependant si, à ce titre seul, étranger dans Cherbourg, y trouvant tous les bancs de l'église occupés par des propriétaires légitimes, j'exigeais que les marguilliers en dépossédassent quelqu'un pour me placer avec ma famille, alors peut-être, d'après le défaut d'explication de l'ordonnance, pourrais-je souffrir une discussion et y succomber. Mais ce n'est pas icy le cas.

Je ne suis point étranger à Cherbourg, puisque je succède à des commandants qui tous ont possédé successivement le banc que je réclame. Ce n'est que depuis deux ans, pendant la vacance du commandement, que les marguilliers ont déplacé le banc de l'œuvre du lieu qu'il occupait, pour le mettre dans la place du commandant, malgré les représentations du major de la place.

Je n'aurais pas autant insisté sur la réintégration de mon banc, si les marguilliers n'avaient pas cherché à m'induire en erreur, en me plaçant dans le banc d'un particulier, qui le possédait juridiquement par un acte et par 30 liv. de rente; en répondant ensuite à ce particulier, qui les avait assignés, que c'était moi qui, de mon authorité, avais voulu prendre ce banc. Quand j'ai vu que les marguilliers, à la mauvaise foi d'une usurpation, joignaient celle de rejetter sur moy un mauvais procès qu'ils se faisaient par une seconde usurpation, j'ay abandonné le banc dont ils voulaient, sous mon nom, déposséder le propriétaire légitime et j'ay redemandé le banc de mes prédécesseurs: alors les marguilliers m'ont adressé sur papier timbré une délibération remplie de faussetés et de menaces indécentes. Ils ont adressé cette déclaration à Monsieur le garde-des-sceaux. Occupé pendant l'été d'objets plus importants, ce n'est qu'au bout de deux mois que j'ai envoyé une réponse à colonnes, à cette délibération. L'affaire a été renvoyée à monsieur le procureur-général du parlement de Rouen : ainsi je n'ay ni provoqué ni arrangé la marche de cette discussion ; je n'ay fait que suivre ce qui était arrangé par mes parties.

C'est dans ces circonstances que vous avez eu l'honnêteté de m'offrir votre médiation. J'aurais désiré pouvoir l'accepter ; mais c'était impossible, puisque dans ce temps même j'attendais une décision de M. le procureur-général.

L'affaire vous étant renvoyée par le ministre, je ne doute pas qu'on ne vous ait fait en même temps le renvoi de toutes les pièces pour et contre. On a communiqué toutes mes lettres aux marguilliers, on ne m'a communiqué aucunes des pièces qu'ils ont envoyées : ainsi, dans cette affaire, je combats comme Ajax, contre des ennemis que je ne peux pas appercevoir.

Mais néantmoins je m'en tiens à l'opinion des juges et des gens sages du pays ; la pièce cy-jointe est de M. de Hautmarais, procureur du roy du bailliage ; vous devez avoir entre les mains une lettre de M. de Garantot, lieutenant-général de police, ancien marguillier lui-même, qui a désaprouvé l'usurpation faite par les marguilliers ses confrères.

Vous devez avoir mes lettres à M. de Belbeuf, des 17-24 et 26 octobre, 15 et 25 décembre, le certificat du major de la place, celuy de Mme de Noirville et de M. Hervieux, anciens habitants, et enfin une lettre à M. le garde-des-sceaux, du 7 décembre ; si vous n'avez pas ces pièces, je vous les enverray, étant toutes nécessaires. Quelques soyent les pièces des marguilliers, auxquelles je n'ay pas pu répondre, puisque je n'en ay eu communication (ce qui m'a paru fort irrégulier), j'espère que mes lettres et le mémoire cy-joint mettront l'affaire dans tout son jour. Je ne doute pas que ces pièces des marguilliers ne soyent pleines de faussetés : j'en juge par celles qu'ils vous ont avancées et dont vous m'avez fait part.

Ils vous ont assuré que, *d'accord avec les principaux habitants de Cherbourg, ils se sont déterminés à m'assigner un banc qu'ils m'ont désigné.* Je vous proteste que, sur 20 marguilliers, 8 seulement ont signé la délibération, et assisté à l'assemblée ; que ces 8 signatures se réduisent à 5, parce que trois sont un père, un fils, et un gendre ; qu'aucun des principaux habitants de Cherbourg ne s'est trouvé à la délibération ; qu'au contraire ils blâment leur conduite.

Ils vous ont assuré *que le banc qu'ils m'ont assigné est le premier*

banc de l'Église ; qu'il est spacieux et comode et qu'il pourrait être offert au duc de Chartres, etc. Ce mensonge est encore plus hardy que le premier : ce banc est derrière celui de la confrairie et le cinquième à gauche dans l'Église, et par conséquent le dixième : voilà la place d'honneur que huit marguilliers de Cherbourg, des plus minces bourgeois, prétendent qu'ils assigneraient à Monseigneur le duc de Chartres. Au reste ceci est visible : un banc ne peut pas se cacher.

Ils vous ont assuré *que le banc que je revendique appartient de temps immémorial à la confrairie de charité.* Il n'y a point à Cherbourg de confrairie de charité. Ils ont dit, dans leur délibération, qu'il appartenait à la confrairie de la Vierge.

Ils ont produit effectivement, à ce que me mande M. de Belbeuf, un registre de 1466 : mais ce registre ne désigne pas le banc contesté : j'opose à leur possession immémoriale la possession mémoriale, mais ancienne, mais constante, mais successive, mais disputée, mais revendiquée, mais réintégrée de ce banc, par tous les commandants mes prédécesseurs.

Le dernier était le baron de Copley. Comme il y avait eu une vacance entre luy et son prédécesseur, comme il y en a entre luy et moy, on luy a contesté ce banc. Il a argué de l'ancienne possession ; il a gagné son procès. Il y a eu délibération, décision. Tout cela doit avoir été couché dans les registres : faites-vous les représenter. Vous verrez si pour lors la confrairie de la Vierge a mis en avant sa possession immémoriale ; il est évident au moins que la possession des gouverneurs et commandants l'a emporté ; car le baron de Copley n'a pas eu d'autre titre pour revendiquer ce banc. Il l'a possédé : j'ay un titre de plus que luy ; c'est un dégré de possession de plus et de possession reprise sur contestation.

Mais alors, dira-t-on, les marguilliers n'avaient pas placé la table de l'œuvre dans ce banc.—Mais une usurpation n'est pas un droit. De quel droit les marguilliers ont-ils changé le banc de l'œuvre de son ancienne place, bien plus immémoriale que la prétendue possession de la confrairie, non pas de la charité, mais de la Vierge ? Cette usurpation s'est faite sur le commandement, parcequ'il n'y avait pas de commandant ; elle s'est faite malgré les représentations du major de la place, contre l'avis de plusieurs des membres de la fabrique, sans assemblée générale de notables, contre l'esprit de l'ordonnance servant de règlement de conduite aux Fabriques et qui défend de pareilles mutations.

Encore une petite question : s'il y avait eu sur le moment où on a délibéré sur cette usurpation un commandant en possession du banc, l'aurait-on dépossédé pour y placer les marguilliers? Certainement non. En ce cas, la vacance du commandement n'a pas donné droit aux marguilliers d'usurper le banc des commandants : la preuve en est qu'après pareille vacance, le baron de Copley a été réintégré dans son ancienne possession.

Voila le véritable état de la question. Je vous demande mille pardons, Monsieur, sur l'ennuy que vous causera tout ce détail, dans une affaire qui ne serait qu'une bagatelle, effectivement, si je n'étais pas lésé, et si on ne considérait pas l'influence qu'elle peut avoir, étant agitée entre le commandant et un corps aussi subalterne que celuy de 7 a 8 marguilliers turbulents, qui abusent de leurs places pour chicaner et tiranniser même les anciens bourgeois et propriétaires des autres bancs.

Dernièrement encore, il vient de se passer une scène indécente à l'occasion d'un banc que l'on dispute à M. Ourry, ancien directeur de la Glacerie, entre M. d'Orange, premier juge du Bailliage et le sieur Dulongpré, un des marguilliers ; j'ay été obligé d'interposer mon authorité pour empêcher que le marguillier n'eût les oreilles coupées par le juge qu'il avait insulté grièvement. J'aurais pu lui dire comme dans les Menechmes :

« Que ferez-vous, Monsieur, du nez d'un marguillier ? »

Je vous déclare encore que les 8 marguilliers qui vous parlent au nom de la communauté entière n'ont consulté personne, sont des brouillons ; que les autres marguilliers n'ont point voulu accéder à leurs démarches, et qu'ainsi que la noblesse, les juges et les honnêtes gens, ils gémissent sur toutes ces sottises. Il vous est fort aisé de vérifier tous ces faits, ainsi que tout ce qui est contenu dans ma lettre et dans les précédentes. Après cette vérification, vous serez à portée de mettre dans votre arbitrage tous les tempéraments que votre équité, votre prudence et votre honnêteté vous suggéreront, et je serai enchanté que cet arbitrage me vienne de quelqu'un que j'aime et respecte autant que vous.

J'ai l'honneur d'être, avec un attachement aussi respectueux que sincère,

Monsieur,

Votre très humble et très-obéissant serviteur,

DUMOURIEZ.

Cherbourg, le 27 février 1779.

MONSIEUR.

J'ay eu l'honneur de vous écrire fort au long, le 21 décembre, sur mon affaire avec les marguilliers de la paroisse de Cherbourg, pour le banc que je réclame : j'ay cherché à prouver que ma demande n'était pas une innovation, ni même une prétention fondée sur ma place, mais uniquement la réclamation d'une ancienne possession qu'on a usurpée pendant un intérim.

J'ay joint à ma lettre un mémoire fait par un juge du lieu, qui a discuté cette affaire de sens-froid et dans la forme légale.

Après vous avoir présenté mes droits pour repousser et éclairer toutes les fausses assertions des marguilliers, j'ay remis la décision de toute cette affaire à votre arbitrage, ma confiance égalant mon respect pour toutes les vertus que je vous connais. Voicy le temps des prédications, celuy de Pâques approche, et je désirerais pour ma femme que cette affaire fut bientôt terminée. Vous m'avez fait l'honneur de me proposer l'usage du même banc conjointement et en communauté avec les marguilliers : cet arrangement ne remédiera pas à l'usurpation ; mais, si vous le jugez à propos, je feray un sacrifice pour avoir la paix et terminer cette querelle. C'est à vous, et pour vous prouver mon attachement, que je fais homage de cette condescendance. Mais je vous prie de faire accepter aux marguilliers le seul moyen qui puisse rendre praticable ce partage du banc.

C'est d'en séparer un espace de trois places ou de la moitié, par une boiserie qui empêche que le peuple ou les marguilliers eux-mêmes ne se placent pêle-mêle, avec nous, dans la portion annexée au commandant. Pour peu que cette dépense donne de l'humeur aux marguilliers, et puisse empêcher l'effet de votre médiation, je me chargeray de la faire faire de ma bourse, ainsi que la clef de mon banc.

Je n'ay pas besoin de vous prier que cette portion de banc soit celle qui se trouve la plus près du chœur.

J'ay l'honneur d'être, avec un attachement aussi respectueux que sincère,

Monsieur,

Votre très-humble et très-obéissant serviteur,

DUMOURIEZ.

Cherbourg, le 20 mars 1779.

MONSIEUR,

Vous êtes l'ange pacificateur. En vertu de votre conciliation, les marguilliers se sont assemblés hier. la Discorde, qui dans ce moment était occupée dans le parlement de nos voisins, avait fait place à l'esprit de paix. D'une voix unanime et avec beaucoup d'honnêteté, on est convenu de reculer le banc de l'œuvre et de mettre en avant celui du *duc de Chartres*; ce qui me restitue dans la vraie place qu'ont occupée mes prédécesseurs, sans faire aucun dérangement. On m'a envoyé deux députés pour me demander mon avis; j'ay consenti, j'ay approuvé et j'ay fait à ces messieurs les compliments sincères que réellement ils méritent par la sagesse et l'honnêteté de leur procédé et par leur condescendance à votre médiation et aux désirs de Mes Seigneurs le garde des sceaux et prince de Montbarrey. C'est à vous que je dois ce succès. J'ajoute cette obligation à toutes celles que je vous ai déjà. Dans toute occasion, vous me faites ajouter la reconnaissance à l'attachement respectueux avec lequel j'ay l'honneur d'être,

Monsieur,

Votre très humble et très obéissant serviteur,

DUMOURIEZ.